聖母文庫

秋田の聖母と
知られざる殉教の歴史

田端美恵子

聖母の騎士社

まえがき

昨春私は『母である私がここにいるではありませんか』（二〇二〇年二月十一日発行・聖母文庫）という拙い著を聖母の騎士社から出版させて頂きました。四百五十年前、メキシコ市郊外のテペヤックの丘に出現された「グァダルペの聖母」の実話を中心とした随想で、「あなたの母」と名乗る聖母のかいなに抱かれて安らぐ病弱な老夫婦の心象風景を映した文庫本ですが、この著の終章に「秋田への巡礼・悲しみの聖母を訪ねて」を綴り、私の聖母への想いを書かせていただきました。

それは日本海に面した雪ぶかい秋田の地に一九七三年から一九八一年九月十五日に亘って起こった、木彫りの聖母像に関わる神秘的な出来事です。

当時、その聖母像に対する超自然現象の信憑性をめぐってさまざまな憶測が飛び交い、多くの人びとに真実はなかなか理解されないまま今日に至っています。

高齢を迎えて身体の衰えを一段と感じるようになった私にとって、「これが最後の巡礼」と感じる秋田の聖母との惜別はたまらなく寂しいことでした。悲しみの聖母像が安置される聖体奉仕会聖堂の所在地、秋田市湯沢台の丘は数々の恵みに与った者の慕う神聖な心のふるさとでもあったからです。

そして秋田の聖母像に関わる不思議な出来事を事実であると公認された当時の新潟教区長、伊藤庄次郎司教さま亡き後、ローマ教皇フランシスコは、二〇一三年の信仰年の催しとして、ポルトガルのファチマ大聖堂から「ファチマの聖母像」を空輪でバチカンへお迎えし、世界各国から選ばれた名だたる十ヵ所の大聖堂を宇宙衛星で繋いで祈る、『聖母に捧げるロザリオの徹夜の祈り』を開催し、その光景を全世界へ同時放映したのでした。世界中の人びとが心を合わせて平和を祈るロザリオの集いが行われるとき、教皇フランシスコは各国から選ばれたその十ヵ所の巡礼地の中に、秋田市郊外の静かな山中にたたずむ聖体奉仕会の『秋田の聖母聖堂』を巡礼所の一つとして招いてくださったのです。その放映を宇宙衛星の実況中継で見、または聞き知った日本中のカトリック信徒たちの喜びは言葉に尽くせないほどでした。

ローマ教皇が世界に知られる「聖母巡礼地」の中に、『日本秋田の聖母聖堂』を招致して下さったことは、バチカンが亡き伊藤司教さまの精密な調査報告を受け入れて「秋田の聖母崇敬」を認めている証しではないでしょうか。

それから七年経ち、いつしか衛星放送の感動も薄らぐ中で、私の心に生きる聖母への想いは齢と共に歩む人生の心の支えとなりました。そして二〇一八年九月十五日の「悲しみの聖母の記念日」を迎え、諦めていた念願の秋田への巡礼が叶えられたのでした。

その思い出の日々も駆け抜けるように過ぎて早二年、まぶたに浮かぶのは紅葉に染まる美しい秋田の風景と、湯沢台にひとしお神聖さを添える子羊の苑の十字架の道行き、マリア庭園に高くたたずむ微笑みの聖母像……。

私は病夫のかたわらで相変わらずロザリオの祈りに明け暮れる日々を過ごしながら、秋田の聖母へ想いを馳せることが多くなりました。その面ざしにかげる憂いのお姿がなぜか心から離れないのです。

聖母はどうしてこの人里離れた秋田の地を選ばれて各国の人びとに向けられたメッセージを病身の一修女に三度託されたのでしょう。

そして御像から百一回という多量の涙を流されたのでしょうか……。最初の御出現のとき、天使から伝えられた「聖母はこの地を選ばれたのに……」と嘆きの感じられる言葉があり、続いて「聖母は日本を愛しておられます」と、同じく天使から嬉しいお言葉も伝えられました。

この天使のお告げによる意味深い二つのお言葉が忘れられず、悲しみの聖母が秋田の地を選ばれた御心中には、まだ誰も気付かない深い理由があるのではないか？という思いが心に広がったのです。

以前、秋田出身でいらした安田貞治神父さまから秋田に殉教者が大勢いたことを伺ったことがありました。ふとその事を思い出して、もしかすると？と、急に心が波立ち始め、「そうだ！秋田の殉教者のことを調べてみよう！」と、このとき急に思い立ったのです。

とはいえ、秋田県に関する知識もなく、調べる手立てすら分からない暗中模索のなかで一体何から調べればよいのでしょう。頼りは一つ、私はひたすら聖母のお導きを祈りました。ところが不思議なことに決意したその日、偶然の出合いが重なって次々と道が開けて繋がり、見えない糸にたぐられるように多難と思われた御出現の背景が見えてきたのです。其処には目を覆うばかりの悲惨な大殉教が隠されていたことを始めて知りました。秋田県立図書館がご好意で館内のキリシタン資料を探してくださり、その参考文献を手引きとして導かれたからでした。そして聖母が「この地を選んで……」とおっしゃられた深い謎も解けたのでした。資料を通して頂いた尊い恵みを文中に紹介させて頂きます。

ここに秋田県立図書館さまが貸し出し禁止の文書であるにもかかわらず、貴重な文献をわざわざコピーしてくださり、郵送でご提供くださったご厚情に心より厚く御礼申し上げます。

二〇二一年八月十五日　田端美恵子

目次〔秋田の聖母と知られざる殉教の歴史〕

序章　見えない糸に導かれて

今春、再度『秋田の聖母マリア（安田貞治著）』を読み返したところ、以前見落としていた天使を通じて語られた「私がこの地を選んで……」「私は日本を愛しています」という、二つのお言葉に気付いてハッとしました。それが何を指しておられるのか、どのようなお心でおっしゃられたのか。私にはその推測すら唐突すぎて想像も付かないことでしたが、多くの巡礼者の目前で聖母像からとめどなく涙が流れたという、常識では考えられない超自然の事実と、聖母の二つのお言葉の関連に、なぞめいた「神秘」としか言いようのない秘密を感じて、それは何でしょう？ 何がマリアさまの御心を秋田につないだの？ と自問自答しながら思い巡らしていました。イエス・キリストの御母マリアさま、その尊いお方が何の変哲も無い貧しい農村地帯の秋田で涙を流すとは？ 聖母の涙は喜びの涙であるはずが無いのです、あまりにも寂しそうなお顔をしていらっしゃるから……。

私は疑問を感じて聖母の選ばれた秋田に関心を持ち始めました。御母のお心に宿る思いとは一体何なのでしょう。なぜ秋田を？　日本でなくとも世界には多数のカトリック国があり、素晴らしい信仰の地が沢山あるからです。

私がこの謎の解明に取り組む意欲を持ったことには別の理由もありました。それは聖母像に対する心無い風評と出会い、悲しい思いをしたことがあったからです。もう御母を悲しませる勝手な風評は消えて欲しい！　と願う心が、今回聖母像にかかわる出来事の真相究明へいっそう拍車をかけたのでした。

――なぜ聖母は秋田の地を選ばれたのか――。その何としても調べたい思いが私を『秋田の聖母と知られざる殉教の歴史』の執筆に駆り立て、この著の出版に繋がりました。そして事の詳細が判るに連れて、――どうぞ私の願いを多くの日本国民が理解してくれますように、と心から祈る執筆の日々に変わってゆきました。

日本民族の先祖に、世界でも例を見ないおびただしいキリシタン殉教者が居たとは！ 天の神はその信徒たちの命を掛けた信仰の祈りに目を注いで下さいました。古代先人たちの言語に絶する殉教の血潮によって清められた日本。天の御国では栄光の喜びに包まれて故国に恵みを願うおびただしい殉教者が居るのです。その事実を知ったときの驚き！ もう言葉にならない涙に眼を拭うばかりでした。

私は日本に於ける殉教者たちの悲惨な実態を知り、疑問に思った謎を知ることができました。そして数百年続いた幕府崩壊後は、取って代わった日本軍閥が推奨する、天皇を奉った帝国主義が台頭して力を振るい、世界各国を相手に第一次、第二次世界大戦を繰り広げ、戦争終結まで続いたキリスト教を異教とみなす軍の徹底したキリスト教弾圧。当時国民も「日本は神国」と、徹底した指導教育されたため、どれほど教会は焼かれ、壊されるなどの被害を受けたでしょう。外国の宣教師たちや修道女たちも国外追放となり、止む無く日本を去りました。私が当時所属していた長野教会の、カピストラノ神父さま（フランシスコ会）は憲兵に引き立てられて牢に入れられ、鼻と耳を削がれる迫害を受けたのです。当時は信者たちもアーメンソーメンの耶蘇、耶蘇、と侮蔑を浴びせられたのでした。その長きに亘る小さな島国に染み付いた昔ながらの偏見や風習が、文明の時代になってもまだ尾を引いているのか、キリスト教は先祖の習性を大切にする日本人には馴染みにくい傾向があるようです。軍国時代の徹底した神道教育がいまだに残っているのでしょうか。

聖母は『心を改めて神を信じなさい』と、訴えておられます。私はその母の慈しみを伝えたい一心で、老いの身に鞭打って困難なこの歴史と向かい合いました。

——世の多くの人びとは主を悲しませております。私は主を慰める者を望んでおります。天の御父のお怒りを和らげるために、罪人や忘恩者に代わって苦しみ、貧しさをもってこれを償う霊魂を望んでおります……略……

それは秋田の聖母像を通して三回に亘って告げられたお言葉の一部ですが、私も聖母の事実を信じる一人として、この戒めに従う想いを強めました。そして秋田市湯沢台の質素な女子修道院内で起こった未曾有の出来事も、超自然的な神の摂理として受け止め、不思議な現象も天の父が「神と人類の仲介者である聖母に託された救いのメッセージ」として理解し、信仰が薄れつつある現代へ警鐘を鳴らす天の呼びかけとして心に刻みました。

私は聖母のお言葉にある「この地を選んで」のなぞを解きたいと願う第一歩を、秋田の歴史に焦点を置いたのです。地球という広大な世界のなかで、聖母が白羽の矢を立てて選ばれた『秋田』という、その地の歴史も知らずしてこの山ぶかい素朴な里に何があるでしょうか？

その時、ふと亡き安田貞治神父さまが、以前私ども夫婦に語ってくださった言葉を思い出したのです。

「世界地図を見なさい。日本の国は列島が赤く染まっているでしょう。それはね、キリシタン迫害の時代、キリシタンたちは全国各地に隠れ住んでいましたが、幕府の厳しい探索と詮議によって次々捕らえられて処刑されたのです。日本はそのおびただしい殉教者たちの流した鮮血によって真っ赤に染まっているのですよ。日本には知られていない大勢の殉教者が居ることを忘れないで下さい」と。

私はこの日、安田神父さまの生家に近い一本杉の所でも処刑された殉教者たちが居たことを聞いておりましたので、昔、秋田を統治する佐竹藩の根城であった「久保田城」があった秋田市千秋公園近郷に殉教者にかかわる資料が見つからないか？ と思い巡らしながらテレビを見ておりました。天の御母が悲しまれた涙の秘密とは一体何でしょう？ 漠然とデイルームのテレビを眺めていたそのとき、一台の観光バスが秋田県を北へ向かって通過する光景が映像に写りました。その一瞬、――あっ、秋田県の並木道を走っている！ と目を輝かせたその時、車窓から、道路わきに立つ「佐竹歴史記念館」という縦看板が大きく目に映ったのです。秋田は佐竹藩お殿様の領地、思わずバンザイ！ 天の助け！ とばかり、希望が開けた喜びに心が躍りました。

すぐテレビを止めて、佐竹歴史記念館の電話を調べて掛けたところ、残念ながら秋田県のキリシタン資料はありませんとのこと。代わりに秋田県立図書館の電話番号を教えてくださり、其処で聞くように、と教えられたのです。そのおかげで秋田県立図書館へただちに電話をつなぐことが出来ました。

さっそく私の意向を話して、資料があったら拝借したいことをお願いしたところ、館内の参考書を探してくださり、キリシタン迫害に関する殉教者の文献が三冊あることが分かったのです。群馬県高崎市近郷の老人ホームに居ながらにしてこの朗報。あっ！秋田のマリアさまに繋がる資料があるかも知れない！と胸が熱くなりました。

実を言うと秋田県立図書館の決まりでは見ず知らずの者への遠方貸し出しは禁止されていたのです。それを伺いながら、なおも私が藁をもすがる思いで願い続けたため、図書館側も温かく私の意を汲んでくださり、「貸すことは出来ないが、可能な方法を考えてみましょう」と内部で話し合われてコピーでなら送付可能ということになって、貴重な文献を即刻送って下さり、四日後には私の手元に届くという超スピードのご好意。その時の喜びは言葉に尽くせず、嬉しさのあまり、「神さまありがとう！」の連発で涙が止まりませんでした。そして頂いた複数の文書を拝読し、調査・研究に携われた方々のご苦労が滲む貴重な資料に助けられたご恩を身に沁みて感じました。私は秋田地方にこれほど悲惨な殉教の歴史があったとは夢にも知らなかったのです。その殉教者達の堅固な信仰と、受難のキリストに倣う喜びの精神に心打たれて、自分自身の信仰のあり方をあらためて見直し、反省させられたのでした。

秋田には連なる山々や日本海沿岸地方、人里などに人知れず埋もれているキリシタン殉教者と隠れキリシタンが多く居たとのことで、遺跡を捜しながら調べ歩く研究者方のご苦心は並大抵のことではなかったことと思います。貴重な資料をこの著に紹介させていただける喜びと感謝を込めて、至らない説明ではありますが、秋田県におけるキリシタン殉教の悲惨な実態をどなたにも分かりやすい現代の語りで伝えさせていただきます。未熟な解釈も多々あろうかと思いますが、その点については浅学な身に免じてお許し願いたく存じます。

そして草生津《くそうづ》川《がわ》刑場での悲惨極まりない刑に嬉々として殉じた殉教者に献ずる巡礼者シスター笹川の追悼詩「面影橋」の切々とした祈りに合わせて、私たちも共に 祈りを捧げさせていただきたいと思います。

第一章　武藤鉄城編纂『秋田キリシタン概要』より

久保田城外の大殉教
―草生津川《くそうづがわ》の悲劇―

日本にまだキリスト教が知られていない頃、始めてフランシスコ・ザビエルが鹿児島へ上陸してキリスト教を伝え始めると、その教えに感化された多くの人びとが洗礼を受けてキリシタン信徒となり、その数は急速に増えてゆきました。教えを受け入れたのは一般大衆ばかりでなく、各地の藩主も感化されてキリシタン大名が彼方此方に生まれるなど、身分ある大名や公卿、名ある武士、学者に至るまで広く人びとの間に教えが広まっていきました。フランシスコ・ザビエルに続くフランシスコ会とイエズス会宣教師たちのほか、日本人伝道士も加わって宣教は更に広まり、キリシタンに帰依する信徒も日増しに多くなりました。その頃の布教は、外国文化に関心を持つ織田信長が宣教師たちを厚遇してローマへ日本から少年使節団を送って友好を結ぼうとするなど、前途洋々の観がありました。一五四〇年代から五〇年代にかけての織田信長のもとでは、まだ迫害のない穏やかな時代だったのです。

ところがキリスト教を保護した信長亡き後、天下を握った豊臣秀吉の時代になると、権力を傘に横暴を極めた秀吉の迫害が始まり、関が原の合戦で豊臣勢を打ち破って天下を取った徳川家康が江戸に幕府をおいた時代に移ってからは、その様相も一変して切支丹迫害はますます熾烈を極め、残酷な刑が行われるようになってゆきました。

家康は、九州平戸に陣を構えて、海上に押し寄せた大群の徳川勢を迎え撃つキリシタン、天草四郎の粘り強い戦いに恐れをなしたのか、合戦の勝利後、一人残らずキリシタン絶滅を図った厳しいキリシタン狩りを日本全土に実施し、捕縛次第容赦なく処刑するという厳しい禁教令を各藩に発布したのでした。徳川幕府はすべての地方をその権力下に支配していたので、命令に背くと、軍勢を向かわせて藩を取り潰すほどの絶対的威力を持っていたため、どの藩も幕府の命に従わざるを得なかった、と伝えられています。したがって佐竹義宣公も最初の頃はキリシタン成敗に消極的だったとのことですが、厳しい江戸幕府のキリシタン成敗告示には背けず、悲惨なキリシタン狩りを執り行ったといわれており、この時代から幕府の命によるキリシタン信徒への残虐極まりない迫害が日本全土に亘って行われたのです。

信仰を固く守るキリシタンたちは日本各地に身をひそめて暮らしながら、その教えを子孫に伝えていました。海外から渡航して来日した宣教師たちも身分を隠して信徒たちを訪ね回りながら励まし、教えを伝える命がけの宣教を続けていました。当時東北地方へ潜入した宣教師の海外へ送った手紙によると、ある地方に二百人の隠れキリシタンが見つかり、ひそかに信徒達と会えたという手紙の記録が残っているとのことです。

私はご提供いただいたキリシタン資料によって、この悲惨な迫害は秋田県ばかりでなく、東北地方と境を接する至る所に隠れキリシタンの足跡が書き込まれた分布図に驚かされました。それは、日本全土のいたるところに今なお知られていない殉教者が居たことを、暗示しているようにも受け取れたのです。私たち夫婦が旅で立ち寄ったキリシタン遺跡の見聞した範囲だけでも、山形の刑場跡、福島、会津から日光を抜けて群馬方面へ通じる街道筋や、仙台、宮城と岩手の境界筋で出合った大籠のキリシタン三百一人が処刑された刑場跡、新潟の塩沢――津南方面の奥地で偶然出合ったマリア観音像を祭った堂と、堂を取り巻くマリア観音の幟が幾竿も祠を取り巻いてはためく光景をいまだに覚えています。雪深い長野や新潟方面の奥地に噂される落人の伝説も聞きました。群馬県では関西方面から移ってきた忍びのフランシスコ会宣教師たちが人目を避けてひそかに教えを広めていた事実と、その足跡を辿る隠れキリシタン遺跡巡りに参加して群馬の殉教者へ祈りを捧げたこともありました。群馬県にはキリシタン遺跡が数多くありますが、まだ表立った殉教者顕彰までには至っていないようです。埼玉県本庄市の奥地、児玉の川洲で処刑された殉教者たちの顕彰遺跡では、毎年五月初頭に群馬県と埼玉県近郷のカトリック教会信徒たちが集まり、殉教者顕彰ミサを捧げて祈っていますが、この恒例の行われる地方も稀ではないでしょうか。文明が「苦難に耐える」ことの素晴らしい教えを忘れさせてしまったのでしょうか。

九州、長崎、五島方面ほか、四国、山口、広島など、関西一帯に広がる潜伏キリシタンたちが、厳しい追及と迫害に耐えながら長年信仰を守り続けて生きてきたことは知られています。幾星霜を越える数知れない苦難のキリシタン殉教史は日本の隠された特徴でしょうか……。

「マリアさまは日本を愛していらっしゃいます」と、天使が伝えた聖母の御言葉の重みを、私は日本各地に広がる殉教者の多さと、あらゆる地方の奥地にまで鮮血に染まる悲しみの足跡に、人類の母である聖母がどれほど悲しまれ、殉難者たちに深い愛を込めてお労わり下さったかを感じました。世界は広いといえども、日本ほど隠れた殉教者の多い国は他に例が無いのではないでしょうか。この小さな島国で、しかも鎖国という徹底した信仰の闇も、昭和二十年八月十五日の世界大戦終結まで続いた日本。キリスト教信徒の忍従もこれで終るかに見えましたが、古い時代から抑圧され続けた風土の「キリシタン」という侮蔑的な偏見は依然として残り、日本は第一次世界大戦、第二次世界大戦中の軍属支配によるキリスト教弾圧の影響が人びとの間にも旧態依然として尾を引くところがあり、日本は神国、と戦前、戦中を通して教えられた独特のイメージが、今も尾を引く風俗習慣の中に拭いきれておりません。数百年という歳月、多くの基督教信徒はどれほど沈黙のうちに暮らしてきたことでしょう。その信教の自由を奪われていた歳月が、日本をキリスト教から引き離し、異なる風土の習性が土着化されています。

現在も日本全体の人口に比べ、浜の真砂の一握りほどの少数になったキリスト教徒です。数世紀にわたる長いキリシタン弾圧。これほど烈しかった苦難の歴史が続いていたことを、現代の学校教育ではきちんと教えているでしょうか？　人格形成の真髄は先ず神を信じることから育て上げることが、愛と平和の人生観を育む基本ではないでしょうか。自己中心の人生観より、もっと大切なのは、利他の精神です。その精神はすべての幸せに繋がるからです。

日本民族の誇りでもあるキリシタン信徒たちが、命に代えて信仰を守り通した信念の強さと節操の美しさに、すべてをご存知の天の神はよろこばれて、聖母に託された人類への戒めのメッセージを秋田の聖なる地から世界の人びとに伝えられたのではないでしょうか。御子キリストの御受難の道行を共に苦しまれて歩まれた聖母マリア。聖母は命を捧げて教えを守った尊い魂たちの殉教の地、秋田でおびただしい涙を流されました。そしてこの血潮で清められた地から全世界に向けて「改心しなさい」と天から訴え続けておられるのです。

殉教者の鮮血に塗られて清められた日本。聖母は教えに殉じた人びとの魂が香るその日本を愛されたのでした。現代に生きる人びとには先人の歩んだその命がけの信仰があるでしょうか？ これは全世界に通じる大切な教えであるのです。

天国では殉教の栄誉を受けたおびただしい日本の聖人達が栄光の讃歌と祈りを故国の為に捧げていることでしょう。

「寛永元年（一六二四年）は秋田キリシタンにとって大きな厄年であった」と、秋田キリシタン概史（武藤鉄条著）は伝えています。それは、藩主・佐竹義宣公が江戸幕府の命を受けて家老梅津半右衛門憲忠を奉行にして、組織的にキリシタン禁教令を実行したことでした。

当時の殉教の悲惨さにおいて、私のもっとも心をえぐられた「久保田城外大殉教」より以前に、由利の本庄という所でジュアン美濃とその妻アンナ、及びジョセフ井佐衛門、その妻マグダレナ、娘イネス、及びジュアン孫右衛門、その母マリアの男女七人のキリシタン信徒を十字架に釘付けする処刑を行っていました（ジャン・ジョセフ著『日本布教および殉教史』）。またそれ以前の一六二〇年にも、同じ出羽の国由利の出身である信徒のヨアキン津島、その妻デアンナ、その外四名が南部の水沢で斬首されています（ヴィリヨン著『日本聖人鮮血遺書』）。

その殉教に続く翌年、佐竹義宣公は奉行梅津半右衛門憲忠へ、これから後、デウス宗の者がもし転ぶといっても取り上げず入牢させるように、と厳しく伝えているほか、秋田・仙北の金銀鉱山にデウス宗のものが居るそうだが、こちらから命令のあるまでは検挙せずそのままにしておくように。それから奉公人の取調べをきびしくして禁教者の有無を通知するように。他国人であっても成敗してよいが、よく調べて久保田へ連行し、入牢させるように。久保田へきてから信徒が転ぶといっても許してはならない、と厳しい通達を出して、仙北（秋田県北部地方）の信徒数を厳しく調べて報告するように申し付けているのです。

この頃から藩主義宣の取り締まりはますます厳しさを増してゆき、捕らえられて久保田の牢につながれた信徒たちは二百名以上となり、水攻めの殉教者や斬首刑の殉教者が続出しています。

キリシタン概史の著者はその殉教の様子を伝える何物も日本においては残っていないと伝え、日本の厳しい状況では当然過ぎるほど当然と、その黙されてしまった悲劇の状況について伝えるかたわら、幸いにも当時の模様を外国に残る資料（レオン・パジェス著『日本基督教史』）に仰ぎ見ることが出来る、と、当時の記録を手紙に残してくれた外国宣教師に感謝していま す。また、捕らえられて久保田の牢舎につながれた信者達の実態を秋田キリシタン概史は『日本基督教史』に次の記載があるとして、次のように悲惨な状況を語っています。

一六二四年、佐竹右京太夫義宣公は幕府の命を重んじて奉行梅津半右衛門に、キリシタン信徒四十数人をむごい刑罰で打ち滅ぼすように、と命令しました。その中の二十二人は身分の高い貴族でした。そのなかに勝田うねめという能弁で知力のある方が居られて、法廷で裁判官をことごとく論破していました。

その子に齢わずか七歳になる童子がいました。父はこの子を大切に教え育てていましたが、神の教えのためには生命をも顧みない徳を教え育てていました。ある日、父はこの子を試そうとして、燃え盛る熱い火をその手に握らせました。しかし幼い子は、父の命令に従ってその烈しく燃える火を握り閉めたので、手の肉はことごとく焼けただれましたが、それでもまだ手放そうとしませんでした。そのために牢屋へ入れられてもなお自分から飲食を断って苦痛をこらえ、自分自身の体にむち打つ苦行を行なっていました。人びとは皆それを見て、子供の立派な徳行を褒め称えました。

また貴族の女性達はそれぞれ自宅に閉じ込め、その他の女性と子供は全員牢に入れましたが、後に全員を集めて民家に閉じ込め、役人に厳しく見張らせました。桜井次郎左衛門の妻もまた改宗した一人でしたが、その親類の為に捕らわれると、直ちに自分から大声を出して「私もそのキリシタン信徒です」と断言したうえ、「牢獄に閉じ込められることは何よりも幸せです。幼い児が父の家に置き去りにされるのならその児も連れてゆきます。もしその子たちも冷たい牢に入れられるのであれば何と幸せでしょう」と言いました。人びとはみんなそのけなげな心の美しさを讃えたと言われています。

萩原三右衛門の妻も讃えられたそのひとりです。捕らわれた後、自分から四日間呑まず食わずの断食を続けていました。その妻には二人の子がいました。長男は九歳。次は乳飲み子の一歳。二児は食べ物に飢えて母の袖にすがり

「お父さんは何処に居るの？」

「食べ物はどこにあるの？」

と飢えて泣く声は母の五臓を貫いて胸に釘を打たれるような心をかきむしる苦痛を与えましたが、母は固く信念を守り、忍びがたきを偲んで愛する子の日々痩せ衰えてゆくのも顧みず、ただ宿命を天に任せて涙をこらえながら、児の姿を傍観するばかりだったのです。

ある日、獄の役人が母を脅してその面前で殺そうとしました。母は天を

仰いで大声を出して言いました。

「児を殺してください、児を殺してください、その屍の上に私も殺しなさい！　これは私達に真の命を与えるのです」と。

その同じ日の光景をクラッセ著『日本西洋史』には次のように記録されています、と著者は語り、その同じ光景を「原文」で伝えています。

「三百年も前のわれわれの祖先の受難と、その堅固な信仰を知るため、そのまま書き写すことにしょう」と記しています、私もその真実を語る古文書を原文のまま伝えさせていただきます。

アシタ（秋田）の国にこの年一戦場となり、最も荒蕪を致す。

然りといえども宗教は大いにその国を破るを得たり。国王ヨシノフ（義宣）は常に久保田に住しけるが、一日その臣下に向ひ、神仏宗教に帰従し、基督宗教を棄絶すべきことを命令せしにより、酷積の苦辛を恐怖してその命に従いしものあり、これに従はざるものはその国を脱奔し、最も真実熱心なる四十二名その妻子と共に獄に繋がる。

この人びとは過半門閥にして、その国の顕栄なる職掌を有せしものなり。ここにことごとくその姓名を記するは不要のことたるをもってこれを略す。司刑官は十五歳以下のものを問わずと命令せり。しかりといえどもノートルダム教会長ジャン・カワエイゾエモンヌ（河井喜右門）の子トオマは十三歳なれば、囚人たるあたわざるをもってこれを憂へ、その父と共に入牢せんと欲し、十五歳と称したり。けだしマルチン（道のために死する人）を希望するためなれば、些少の詐偽をなすもこれを許すべしと信ぜしなり。

この貴顕人の囚せられたる獄舎は狭小にして、臭気堪ゆべからず。しかといえども囚人は牢内にありて、神聖に従事し、これを天上楽土となす、皆時間を定め、教院においてするが如く共に祈祷をおこないたり。その寝所は地上に薄く藁を敷きたるのみ。毎日早朝聖経を唱読し、そののち上帝の頌詞を歌いかつ宗旨の趣意を学び食物は飢ゑにあつる些少の米を喫するのみ。この願望を達せんとして自ら鞭笞してその眉は血に染み、実に驚くべき同志和合の生活なり。而して、その論ずる所は上天に反逆せる低劣なることを弁駁《べんばく》せるのみ。

婦人らもまたおなじくその法を守りて日を送れり。入牢の後一月を経、その隣人の看守に託し、これをその家に送り帰せり。けだし日本の習慣なり。

これをもって監獄者は国主の命令を告示せしに、婦人らは死に処せらるにあらずん、あえて獄を出でずと答えしにより、これを欺き刑場に赴くと信ぜしめ、その親族に付せしに皆悲哀しければ、親族はこれを改心せしめんとして思慮を尽くせどもついに遂ぐることあたはず。

一婦人あり、名をモニックといふ。その固執非常なり。よってこれをその家の柱に結着して二十五人をもって看守し、飲食を与えず。モニックは二人の子あり。長はトウマスと称して年十歳、次は三歳また飲食を与えず。

この無罪の小児は飢餓に迫り、母に向かい涕泣きしてパンを乞い、トウマスのいへるは、我慈母よ我父はいずれの所に行きしや、何れのときパンを携え来るべきやと。弟はいまだ乳を飲むをもって憐れむべき声を発し、母に乳を乞へり。よって母は、二小児の苦痛するを見て断腸に耐えずといえども、信仰心を欺くよりむしろ死を致すべしと決意し、身体を動揺せり。

これを看守する異教信者は、ただに苦痛せしむるのみならず、ぼうれいなる誹謗を加え、その祈願のことを嘲れども、モニックは耶蘇のために侮辱を負はせらるるをもって自ら名誉とせり。畢竟世人の語に、異教信者は何さまの木を持って矢を作るやと言うごとく、何の手段もなく、手に刀を持って操り、声を励ましていわく、すべからく宗旨をあらたむべし。しからざれば我ら汝の目前において汝の子を殺し、しかうして後、また汝を殺ろさんと。この勇婦は答えていわく、我並びに我が子を殺すも、むちうつも、或ひは身を粉砕するも、汝らの意に任すべし。これ予の望むところにして汝らの我に為し得る極大の善事也と。凶悪の異教者もこの応えによりて神を失ひ、その後は何事も為し得ず。四ヶ月の間囚人のために厨下においで使侍せしめらる。これこの婦人の非常にして致すところなり。しばらくしてこの婦人も、また他のものと共に獄中に囚せられぬ。

この時、またクボタに二十七歳の婦人オウイワ・ミニックと称する者あり。その夫は聖教を信ぜず、故にこれを離婚す。オウイワはかえって異教の夫に従わざるを悦べり。しかるに父の家に於いては旧の夫にまさる仇敵あり。

これはその兄弟なり。オウイワを再び異教者に嫁せしめんとなし、親戚きたり集まりてこの婦の信仰を破り、己の意に従わしめんとはかりければ、オウイワはこれを知り、予は生涯不犯の誓いを立つ因って絶て再嫁の想いなしと明言せり。兄弟はこれを聴き大いに憤り、オウイワを一年間厨下に苦役せしに、これをよく忍耐して賎業に従事せり。

この時奉行の婦人はこの顛末を聞き、オウイワをその居に招き、種々謀を設けもってその意を変ぜしめんとすれども、ついに動かすを得ず。しかるに、父母はこれを奨励してやまず。みだりに苛責しければオウイワは、日本にいて婚をこばむの明証とする習慣に従ひ、自らその頭髪をきり、これを父母に示めせり。

父母はこのことをただちに奉行に告げしにより、奉行は父母の意に任せ処分すべしと命ぜり。ここにおいて残忍なる父母は、この弱齢なる婦人を捕らへ雪中に引き出し、まずまず一枚のむしろを敷きもって血を受くる所とし（けだしこれを殺さんとするなり）、しかる後オウイワに対し、今ここにおいて死につくや、また心を改め宗教を転ずべきやといえり。オウイワはこの言を聞き、ただちに跪き天に対して両手を挙げ、父母のかたわらにその頭を伸べ、つひに害せられたり。

遺体は棺に収めて深く埋めらるれども、上帝は無量の神異をもってこれを発見せしめたり。ここに繁冗なるをもって事跡を省きていわず。

寛永元年（一六二四）六月三日（陽暦七月十六日）ついに秋田キリシタン史の悲しき記念日、秋田藩最初の殉教の日が到来した。

六月三日

一、御鋳砲にて罷出候
一、キリシタン衆三十二人火あぶり，内二十一人男、十一人女
一、天気よし

これが、信者たちから鬼のように恐れられた奉行、梅津半右衛門憲忠弟政景の、その日の日記である。しかもこの大殉教をわれわれに教える日本における唯一の記録である。

同じクラッセによる草生津川《くそうづがわ》殉教のその日の光景を、次のように描写しています。それを口語体にして『日本西教史』から引用させていただきます。

彼の三十二人の囚人は獄中で、その刑が流刑になるのか、死刑になるの

か、知らせを待っていました。それなのに七月初旬になって、クボタ城外三里の地において三十二基の柱が建ちました。これは処刑を行うためである、と人びとは言っていましたが、思っていた通りに奉行は三十二人の囚徒を燻炎（燻し焼き）で死刑を行うように命じました。

このことを獄中で伝え聞いた信徒たちのうち、自分の名がその中に入っている者は互いに喜んで祝い合い、名の漏れた者は、どうして上皇は何故をもって私を殉教者とするに足らずとなされたのか、と憂慮しました。

この三十二名の内二十三名は男子にして、小児を合わせ、女子は九名で、男女皆同門の囚人であるから縄を持って縛せずともよい、と命令しましたが、信者らは、真に天の神に従う僕であるから強いて官吏に縄で縛られることを願いました。その理由は、救い主イエスキリストに倣うことを望んだからです。

そこで官吏は女子達とトオマという小児の外は皆縄で縛り、刑場へ連れて行きました。その形状の整粛な様子は未曾有のことです。殉教者は徐々に進行し、小童トオマは第一に進み、その父の与えた祈祷文の書巻を手に携えていました。この小童は大変愛らしく美しい容貌で、その上衣服の華麗な姿は見る者みな心に憐れみ、嘆美しない者はなく、皆評して、花を錦に包むようだ、と言いました。道中トオマが祈祷文を称えると、他の同行者皆これについて唱和しました。

このようにして二里の道程を進んでゆくと、見物人が諸方から群衆し山はこの為に人の群れで埋まるばかりになりました。これによって群衆渇きを催して水を飲み、その飲み水を連行される衆に施し恵む者たちが出るに至りました。衆徒すでに刑場に達するや、一人毎柱に縛し、少し時間を置いて薪を積み、これに火を放ちました。このとき、各人同時に声を揚げて救い主の救援を祈願し、皆一様に天を仰ぎ救い主を呼んで死に至り、殉教の本願を遂げました。

殉教者の遺骸は三日間番人をおいて護らせました。ここに不思議なことが起こり、夜間天光明を放つ、と言い出た人たちがありました。はじめこれを見留めたのは守衛であって、その者よりして基督信者に告げ、皆の人は霊妙なる示現を見ようとして、夜中屋根瓦の上に登る者もありました。

第三夜に至って密雲天を覆い、降雨非常に烈しくなったのに、観衆三百人を過ぎました。これによって基督信者はますます信心肝に銘じ、異教者はただその奇怪に驚くのみ。

ジアン喜右衛門が柱に縛せられた時、その懐中より一書を落としました。その記される所は実に聖母を信ずる深さを見るに至りました。よって一語も略せず原文のまま 陳述します。

『至神至聖なる聖母、予がごとき不似の者にして聖子イエス基督を信じ、その恩希を謝するを得たるは実に聖母の慈仁に出ずるを知る。

仰希す。予の妻、予の子等地獄に陥るの苦を救い、なお余らをして死に至るまで信心を失わざらしめよ。

聖母、余は実に卑怯なり、いずくんぞ大苦難に堪ふることを得ん。希ふ所は聖子救世妙智力を施し、もってこれに克つを得せしめんことを。余や地獄に堕つるをおそれ、ために聖母に救苦を祈る者にあらず。ただ身を炙肉となして供祭せらるるを願う者なり。至仁なる聖母、幸に余の祈願を放棄するなく余および余の妻子および同社の夥伴を保庇して、死に至るまで信心を聖教に強固ならしめよ。余は日本において奉仕する聖教と、これを聞き、これを修めて倦むことなき師父らの事を至心渴望す。これらをみだりに祈請するは実に僭越粗暴たるを知るといえども、かつて聖子耶素蘇は架上にありて聖母をもって衆生の母となす例あり。これ余が恐懼を顧みずこの懇請をなす所以なり』

右と同じ日の光景を、パジェスの『日本基督教史』には次のように記録されています。（※以下現代語に変えました）

同年七月十六日、久保田城をへだたる三里の処に磔柱三十二本を建て、今にも改宗者を刑に処そうとしました。刑を受ける信徒たちは皆身分の高い地位にある人であったため、死に臨んで受刑者は立派な衣服に着替えて刑場へ連行されました。

初め、役人はその囚人たちには縄を掛けないつもりでしたが、全員受難の基督に倣って縄で縛られることを望んだため縛されました。その縛られなかった者は婦女と川井喜右衛門の子だけ。この幼子と縛られない人たちが群れの先頭に先立って祈祷を始めると、その父および他の信仰者もそれに続きました。小松太郎右衛門の妻は耶蘇の受難を想い、自らもわが身を鞭打つ荒行をして傷を負い、命を落とす状況に至りました。他の親切な耶蘇宗徒たちは近づいてその汗を拭い、酒を供してねぎらいました。

そうこうするうち、各々の磔に火が焚かれるに及んで、他の信者たちはみな声を上げて、上帝我らが不幸を憐れみ給え！　憐れみ給え！　憐れみ給え！　と、祈りました。

そのようにして火勢ますます燃え盛り、全員毛髪ことごとく焼失するにいたりました。その屍は三昼夜を経て後、それぞれの家族に渡したのです。一族がその屍を受け取るやいなや悲喜こもごもの極限に達しました。その上帝の恩意を感ずる情が厚かったためです。

この致死の後、三昼夜に亘り夜夜空中に一条の光明を放ち、雲雨にかかわらず屍体の上に棚引き、見たことも無い異常な現象が現れた、とその事実を見た多くの人びとが語り伝えています。

喜右衛門が磔柱に繋がるに及んで、その懐から一通の紙片が落ちました。それは聖母マリアへの祈りの言葉でした。その文に書かれている言葉は、「私が誓願する、はなはだしい出来事は実に無情な事変です。しかしながら私も十字架の上で命を落とします。請い願います。私の粗暴を赦してわたしの願う恩恵をほどこしてください」と。

その月の十一日に、右殉教に漏れた二十五名と院内で逮捕された二十五名の合計五十名が、先の火刑の場所で斬首されました。クラッセの著書に次のように書いてあります。

獄中に残された他の囚人は、期待していた栄幸がすでにその夥しい数に及んでも、いまだに自分の頭上に来ないことを　この上なく残念で悔しく思っていました。その後、この二十五名の囚徒は久保田から三里ほど隔てたヤナイの地に移されました。

この地は前の火刑を行った処で、牢獄もこの地にあり、そのために囚徒はそれを聞いて満面の喜びに満たされ、晴れ晴れと各自互いに抱き合って祝ったのでした。その後は、不潔で狭苦しさの溢れた地に居て無限の辛苦を嘗めても、あえて断食、祈祷、および宗教上の規律を怠けることはなかったのです。この人びとはついに斬首に処せられ、その中四人の名族は刑に先立つ四日前これ（打ち首）を獄中より出だし、親戚の家に送らせました。それは血族者の酒涙によってその心を洗い、和らげて上げるためでした。しかし更に感ずるところなく、そのもっとも褒め称えられるべき事は、多くの同伴者が刑に処せられる日それを聞き、たちまち家を走り出て、途中多くの信徒たちと出会わせ、ついに平素希望していた通り斬首に処せられて念願を果たしたのでした。

この一群の内、シモン、ギャミ、浄音と称する三女子の勇胆は、もっとも見るに価する。刑吏はすでにその首を切断したにもかかわらず、地上に首は落ちないまましばらく留まり、屍はひざまずいて倒れなかったという。これは刑を執行した刑吏の見た事実です。

その日斬首された五十名の者の氏名は別表にて付記しますが、パジェスによると多くは藩士であったのです。

聖フランシスコ会のジャンショセフ師の「日本布教および殉教史」によると、その人びとの聖名を知ることが出来ます。この殉教者達の名も大勢である為、別表に纏めましたので一覧することが出来ます。

右の覧に載る人びとのうち、姓に処の多いのは、その出てきた土地を姓としたもので、いかに多くの国々から信徒が逃れ、鉱山に潜んだかを物語っています。カルバリヨが鉱山から鉱山へ潜行したことも、うなずけます。同神父が院内を訪れたとき感化された人びともそのうちにある事でしょう。

多くは浪人者で、慶長十二年（一六〇七）山仕置奉行を同山に置いたときの調べによると、越前、会津、伊勢、大阪、伊賀、但馬、越後、近江、などを姓とする浪人や山師などが多数居り、そのうちからピックアップされて第一番に下代の役に付いた者は、備前の浪人で浮田中納言の重臣であった田太市右衛門とされています。

天の元后　憐れみの御母聖マリア！
御母は魂の香るこの地を愛された
草生《くそう》津川《づがわ》で殉教された人びとは　聖母に縋り
聖母に祈りながら　殉教して逝った
その遺骸の上に天から不思議な光明が三日三晩注がれた
聖母は殉教者たちを見守り　励まし　慈しみ
悲しみの涙を流されつづけた……

聖母はこの地で命を落とした人びとの祈りがこもる秋田を選び、
湯沢台の丘から全世界へ向けて、
お言葉を与えられた。
改心して悔い改め、神を信じなさい！　祈りなさい！　と。

面影橋　橋上より殉教者に祈る　巡礼者シスター笹川 詠

雪　は　降る
雪　は　降る
春　浅　き
草生《くそう》津川《づがわ》の
ほとりに
星霜　の　流れに
かかる　橋あり

この橋は
われらの先祖が

刑場に
引かれし折に
己が　面影を
映せしとか

川は黙して流れ
その　かみの　誰が
オエツを聞きし　か
橋は　黙して　語らず
白き　月日は流れて
時は、人の佇むを待たず
川は　面影の

とどむる　を　待たず
時　は
た　だ
永劫　に
流れ　たゆとう

雪は　降る　春浅き草生津川《くそうづがわ》の
川面に　人の面影は
千々に砕けてさすらい
惜別の涙は　深く沈みて
水色の　淵　となる

情念は昇華して
白き衣をまといて散る
未練　の名残は
風花となって舞ふ

雪は降る　雪は降る
春浅き草生津川の
薄氷に
ほろほろと
千々の思いを滲ませて
雪　が　降る

己が面影を川面に写して
刑場に引かれていった殉教者を偲んで……

ジアン河井喜右衛門

元和のはじめ、日本ではキリシタン迫害が熾烈を極めているとき、遠くローマでは数百年来の大工事であったサン・ペテロの大聖堂が完成しました。

教皇パウロ五世はそのお祝いのため、元和三年（一六一七年）に教書とともに、迫害を加えられている日本信徒への慰問状を添えて寄越しましたが、その書状は三年後の元和六年七月十八日に日本へ到着しました。それはただちに複写され、翻訳を付して各地の教徒へ伝達されました。

このパッパさまの慰問に対して感激した長崎、有馬、中国と四国、京坂および　奥羽の五地方の信徒たちが立派な色紙に奉答した文書が、現在バチカンの教皇庁図書館に残っています。

そのうちの奥羽信徒からのものは元和七年（一六二一）八月十四日の日付で、内容に「秋田仙北にて義宣十八万石……右大名の領内在所において、エワンセリオ（教え）が広まり……」とあり、続いて「……七年前、この国にセルニモ・アンゼリス下向候して……」とあるので、神父と秋田の切支丹が出会った年代が一六一四年であったことが分かります。そして注目すべきはこの奉答文の重要さで、それに署名している十七名のうち、五番目に「しゅわん河井喜右衛門」、十四番目に「へいとろ河合四郎左ヱ門」の名前が載っていることです。

このジアン河井喜右衛門は、久保田場外の草生津川で長男のピエル清蔵、次男のトオマ喜太郎とともに火刑に処せられた秋田藩士で、十字架に掛けられるとき、懐から聖母への祈り文を落としたその人でした。この藩士は佐竹義宣公の重鎮である武将だった人です。十四番目に名を連ねるペイトロ河合四郎左衛門はジアン河井喜右衛門の一族といわれている人で、「この方々の名がローマ教皇パウロ五世の奉答文に名を連ねていることを見逃す事は出来ない」と著者は注目しています。日本のキリシタン宣教に貢献された功績をその記録から伺えます。

第二章　熊谷恭孝編纂

「秋田で殉教した韓国人シスト久左衛門と妻カタリナ」

（秋田キリシタン研究会『雪と血とサンタクルス』）より

秋田の殉教記録の中に、韓国籍のシスト久左衛門とその妻カタリナ夫妻も載っていたことから、私は日本のキリシタン迫害を受けた殉教者として、この方々に注目し、その記録を捜しましたが名前が残っているのみで、詳細は分かりませんでした。同じ日本に於ける殉教者として尊ぶ尊敬の念から、唯一記録が残る熊谷恭孝氏の文献を全文そのまま写させていただきました。以下はその記録です。この中の後方に、僅かですが韓国人夫妻についての記録が載っています。

今から三九〇年前、寛永元年（一六二四）秋田藩は幕府の禁教令に従い、本格的にキリシタンへの弾圧に乗り出しました。同年、秋田藩内で厳しい転宗への取調べにもかかわらず、記録に残っているだけでも百十七名を越えるキリシタンが信仰を変えなかった罪で処刑され殉教者となりました。

イエズス会の一六二五年度日本年報には、殉教に至る様子や殉教者名が記録されています。

秋田藩による大殉教の初めは七月十八日、秋田藩士とその妻子ら三十二人が火あぶりで殉教、草生津刑場。七月二十七日、前回処刑されなかった秋田藩士と妻二十五名と院内銀山の鉱夫二十五名が斬首で殉教、草生津刑場。

八月十六日、美郷町善知鳥のキリシタン十三名が斬首で殉教、横手市牛首戸刑場。九月四日、湯沢市寺沢のキリシタン十六名が久保田城下の牢に送られ、二人は獄死、十四人は斬首で殉教、草生津刑場。この中に韓国人夫妻が含まれていました。九月十八日、横手薄井のキリシタン四名が横手吉田の一本杉で斬首。九月二十四日、院内銀山鉱夫の妻マリアと男一名が処刑されましたが、場所などは不明です。

秋田藩は三ヶ月間で全国に類のないほど多くのキリシタンの処刑を行ったのでした。七月十八日の処刑を記した日本側唯一の資料である梅津政景日記六月三日条に次のようにあります。

「一、城御鉄砲にて罷出候、一、キリシタン衆三十二人火あぶり、内二十一人男、十一人は女、一、御城御鋳砲にて罷出候、一、天気良し」

これらの史料から秋田藩はキリシタンたちの暴動を恐れて鉄砲隊を先頭に三十二人を刑場まで続く三里（十二キロ）の距離を見せしめのため市中を引き回し、町民が住む二里の場所では刑を受けるキリシタンに慰めの水を与えた町民がいたと年報は伝えています。刑場地に着いても土崎灘に近く久保田や港の住民で丘や広場が一杯になったとあります。このことから、秋田藩が元和五年（一六一九）に、はりつけの刑を草生津川原で執行済みであったことから、すでに刑場地になっていた草生津川原に三十二本の柱を立て火あぶりを行ったと思っても間違いないでしょう。遺骸は三日三晩野ざらしにされた後、藩主の許可を得てキリシタンたちが丘に丁重に埋葬したとされていますが、今なお埋葬地は特定されていません。

韓国人夫妻が定住していた寺沢のキリシタンについてはローマのイエズス会古文書館に『信仰のために斬首された十六名のキリシタン』のタイトルで記録されています。それによると、村一番の熱心なキリシタンのジョキアノ寺沢与平衛が近隣の村々に布教に出かけ、常に宣教師の宿主であったことや宮村（現 蔵王町）出身のジョバンニ近江六左衛門が同宿（修道士）として定住し、奥羽や仙北でキリスト教の奥義を広め獄中でもキリシタンの霊的指導者であったと記録されていますが、韓国人夫妻に関する記録はまったく無かったのです。寺沢では十六人が殉教した後、藩に密告した村の寺を焼き払い、住職らを追放したとの言い伝えが残されています。この事から寺沢は当時キリシタン村であったと思われます。それを裏付けるように寺沢集落の小高い丘に北向き観音様と呼ばれる石像が祠に大切に保管されていますが、この石像こそイエスを抱く聖母マリアそのものです。その同じ場所に昭和四十三年八月、当時の雄勝町長が中心となって寺沢キリシタンの慰霊碑を建立しました。背面には韓国人夫妻を含む殉教者名が刻まれています。

第三章　斎藤實則編纂『秋田のキリシタン』より
秋田キリシタン史の概要と時代の背景

秋田のキリシタンについて、初期の佐竹藩キリシタン資料はほとんどありませんが、一六〇一年（慶長六）から一六三〇年（寛永七）までの『イエズス会』年報に重要な記録が残っていますので、日本関係イエズス会原文書『ジョアン・マテウス・ダミアノの報告書』の一部と、イタリア人宣教師ヴァリニャーノの『日本巡察記』から、当時の日本におけるキリスト教布教の実態を知る重要な文献ですので、秋田のキリシタン史を四期に分けて歴史を追ってみます。

第一期のキリシタン　――二人の流人キリシタン――

この期は日本の十六世紀中ごろから十七世紀に至る、織田信長、豊臣秀吉、徳川家康時代の五十年を指しており、日本キリシタン布教の明るい発展期であったのです。天文十八年（一五四九）年に、フランシスコ・ザビエルが鹿児島に上陸してからキリスト教は急速に広がり、多くの大名達も洗礼を受けています。ところが秀吉の時代になると、日本では天正十五年（一五八七）キリシタン追放が始まり、秀吉の怒りに触れた織田信長の二男、信夫が秋田に流されました。この信夫は京都で洗礼を受けていますが、その一年後には伊勢に移し変えられています。慶長二年（一五九七）には長崎で二十六聖人の殉教がありました。慶長六年（一六〇一）には家康によって追放された大友宗麟の子、大友義統が秋田に流されています。以上の二人が秋田領に来ていますが、キリスト教の布教までには至っていません。

第二期のキリシタン　――仙北地方のキリシタンと、ペトロ人見――

ここでの第二期とは、慶長五年（一六〇〇）から慶長一九年（一六一四）までとします。慶長五年の関が原の戦は、徳川家康が石田光成らの連合軍を破った天下を分けた決戦でした。この結果、徳川家康が国内での実権をにぎりました。かなりの大名が所領や家禄、屋敷を没収されました。そして多くの武士が生活手段を失い、浪人として世に放出されたのでした。その中には多数のキリシタン浪人もいました。

関が原の戦いの後、佐竹義宣は徳川家康の命令で秋田に転封されました。その内容は常陸国（茨城県）五十万石から二十万石への格下げでした。佐竹義則は、当初湊《みなと》城（土崎港）に入りましたが、後に、久保田神明山（千秋公園）に城を築いて移り、藩財政を確立するため、新田開発・鉱山開発を積極的に推進して領内経済の振興を図るため、商業・流通を重視していました。

元和二年（一六一六）のマカオ発イエズス会年報に、佐竹藩に潜入したパアドレ・アンゼリスの書翰が引用されていました。それによると、「あるパアドレは出羽国の佐竹領仙北地方を巡回して二百人のキリシタンを発見しました。このキリシタンたちは七年前にペトロ人見という高貴で古い伏見（京都）のキリシタンによって洗礼を受けたのです」と伝えています。（注・仙北は神室山〔南鳥海山〕を指し、仙北は神室山の北の意味で、現在の雄、平、仙の三郡を指す）

ペトロ人見は、佐竹氏に仕え、信仰を説いたのは慶長十三年（一六〇八）以降五年間の短期に過ぎませんでしたが、家中の武士を含めて多数の者を教化しています。しかし、慶長十八年佐竹藩でキリシタンの迫害が始まると、ペトロ人見は皆の代りに追放処分に遭っています。この他、玄和元年（一六一五）、アンゼリスが初めて東北に来たとき、「東北地方のキリシタンは千人に至り、しかも上の地方で、わが会士（イエズス会）によって洗礼を授けた人々であった。」と述べています。

佐竹藩には転宗した「転びキリシタン」についての資料が数多く残されています。それらの資料には、氏名、住所、職業、出身地等が記されています。その出身地には、和泉の町人、尾張の町人、出羽の国最上の百姓、加賀国の奉公人など、広域に及んでいます。多分佐竹藩で迫害が強化される以前に移住し、農村や町に定着したのでしょう。

第三期のキリシタン　――秋田領における伝道とアンゼリス――

ここでの第三期は、元和元年（一六一五）から元和八年（一六二二）までとします。この間、元和元年に大坂夏の陣があり、豊臣一族が滅び、徳川家康によって「武家諸法度十三箇条」が制定されました。これは東北諸大名の手ぬるいキリシタン政策に圧力を加えたものだったのです。このため佐竹藩もキリシタンの取調べが次第に厳しくなり、元和三年（一六一七）頃からキリシタン迫害が起こっています。

佐竹藩におけるキリスト教の伝道を見ますと、仙台地方がフランシスコ会のパードレによって布教伝道が行われたのに対し、秋田はイエズス会のパードレによってなされました。佐竹藩に最初に訪れたパードレが、イエズス会のアンゼリスであったからで、アンゼリスは慶長十九年

（一六一四）、津軽（青森県）外ケ浜に流刑されたキリシタンの救済のため、仙台領の後藤寿庵の居住地を根拠地として、佐竹藩領を通過して津軽に訪れています。その時、アンゼリスは仙北地方で二百人のキリシタンを発見したのでした。

アンゼリスは七年間東北地方に滞在しましたがその間、数度佐竹藩領に潜伏して伝道に従事していました。その伝道の拠点となったのが秋田（久保田）・仙北と、院内銀山でした。

第四期のキリシタン　――秋田キリシタンへの迫害と殉教――

元和九年（一六二三）、寛永元年（一六二四）、秋田領内に於いてキリシタン大迫害が行われました。この両年を第四期とします。

元和九年、三代将軍家光は江戸に於いて、アンゼリスを含む五十人のキリシタンを処刑しました。佐竹義宣はこれを見て将軍を恐れ、ただちに主席家老梅津憲忠に命じて、領内総てのキリシタンを監視させ、それに備えさせました。イエズス会年報によると「ある者はにわかに転び、ある者は亡命した」と伝えています。寛永元年、多数の武士と二百余名のキリシタンが捕らえられました。けれども、鉱山稼人（かせぎ人）についての取調べは、まだ行われていなかったのです。その後、三月十一日になると、幕府が鉱山のキリシタン取り調べを要求していることを知り、佐竹藩もついに迫害に踏み切ったのでした。

佐竹藩では鉱山キリシタンの迫害には消極的だったと伝えられ、外見的には取り調べは厳しく、転びを繰り返し誘い、転ばせるために脅迫と拷問が繰り返された、とイエズス会年報に伝えられています。そのためにキリシタンたちはその精神的、肉体的な責め苦のなかで、「死」か「転び」か、その二者択一しかなかったのでした。堅い信仰の信者は「死」を選び、多くの者が転んだことも事実であったと県内に残されている資料から伺えます。

寛永元年、五月一日、佐竹善宣が帰国すると間もなく、堅い信者に対する処刑が行われました。これより先、三月二十八日、江戸詰めの藩士、田中越前の従者ルイス右衛門・ジアン喜右衛門が久保田に帰り、役人に捕らわれて斬首に処せられました。これが佐竹藩に於ける最初の殉教でした。

(※注・九州に於ける殉教者の刑は、はりつけ、切りきざみ、斬首、雲仙地獄責め、火あぶり、竹鋸びき、穴づり、獄死、水攻め、溺没、その他)

また、西の丸の腰元・モニカお岩は異教徒との結婚を迫られましたが、これを拒絶したために、奴婢（召し使い）として働くことになったのです。更に、結婚話を断るため黒髪を切り棄てたため、従兄に首を刎ねられたのでした。モニカはまだ二十七歳に達していなかったのです。

この草生津川《くそうづがわ》での大殉教については、第一章に詳しく記されていますので、イエズス会年報記録を略させていただき、第五期のキリシタンについてのイエズス会年報記録を引かせていただきます。

第五期のキリシタン　――潜伏キリシタンと転宗者――

佐竹藩に於ける寛永元年の、キリシタン迫害は厳しいものであったにもかかわらず、「イエズス会年報」によると、この後もこの国で二百名の成人が受洗したと言われます。この迫害のなかで、ある者は転び、ある者は装いながら、ある者は潜伏しながら、各階層にキリシタンが潜伏していました。各鉱山に潜伏キリシタンが居たことは容易に想像されます。また、他領からの亡命者が居たことも考えられます。

寛永八年（一六三一）五月、南部水沢から十一名の者が来て、平鹿地区での新田開発を許可されています。この十一名が元和九年（一六二三）仙台から亡命、水沢を経て、その後行方をくらました後藤ジュアンの一行とする言い伝えもありますが、その真偽は分かりません。

寛永年間に入りますと、キリシタン検索はますます強化されて組織化され、訴人によるキリシタン検索も行われていました。このころの草生津での悲惨な処刑は、第一章に詳しく書いてありますので省略させて頂きます。

寛文年間（一六六一～七二）になりますと「ころびキリシタン」も全国的に死滅したと考えられます。キリシタン禁制高札が太政官布告第六十八号によって廃止されたのは、明治六年三月二十四日のことです。

『秋田のキリシタン』著者・斎藤實則氏は次の言葉で結んでいます。


最後に殉教者達について一言述べたい。

二五〇〇年前、中国の先哲（昔の賢者）は「いまだ生を知らず、いずくんぞ死を知らん」といっている。

前記、百十五名の秋田のキリシタン達は、己の信ずる宗旨のために命を棄てている。さらに胸を打つのは、主人と共に殉死しているその妻や子供達である。彼女らは、一担は処刑の対象から除外されているにもかかわらず、積極的に殉死を申し出ているのである。

亡びるならもろともに亡びようとする、これ程強い夫婦愛、家族の絆があるだろうか。
現代の世相を思うとき、特に考えさせられた点である。

第四章

徳川幕府キリシタン禁教令発布によって処刑された夥《おびただ》しい秋田藩殉教者名簿とその記録

（※注・この殉教者名簿は第三章の『秋田のキリシタン』に記録された名簿をそのまま写させていただきました。第一章の『秋田キリシタン概要』にある殉教者名〔クラッセ日本西教史所蔵〕と、人名の文字が異なる箇所が幾人かありますが、その補正をどちらにするのか、私には判別できませんのでその点についてご容赦くださいますようお願い致します。）

寛永元年七月十八日のキリシタン殉教者

一　ジュアン　河合喜衛門　（信心組の組長で宣教師たちの定宿をしていた。）火刑
二　ペトロ　河合清蔵　その子　火刑
三　トマス　河合喜太朗　その子第二子　火刑
四　ジュアン　加倉井九朗衛門　火刑

五　ヤコモ　加倉井次郎衛門　その子　火刑
六　ジュアン　勝田采女　火刑
七　マリア　その妻　火刑
八　ジョアムキ　鯨岡仁右衛門　火刑
九　トマス　与左衛門　その子　火刑
一〇　シモン　菊地甚兵衛　火刑
一一　エリザベッタ　その妻　火刑
一二　パウロ　沼田縫右衛門　火刑
一三　ペトロ　中野大学　火刑
一四　レジナ　その妻　火刑
一五　アレッシオ　近衛茂右衛門　火刑
一六　サビナ　その妻　火刑

一七　フランシスコ　大野又左衛門　火刑
一八　ルカ　小松太郎衛門　火刑
一九　テクラ　その妻　火刑
二〇　パウロ　小松市衛門　その子　火刑
二一　マリア　その妻　火刑
二二　ジュリアノ　安藤弥兵衛　火刑
二三　カンジダ　その妻　火刑
二四　マルタ　ジュリアノの母　火刑
二五　トマス　芳賀善右衛門　火刑
二六　サビナ・アチャチャ　火刑
二七　フイリッポ　三浦惣次右衛門　火刑
二八　ジャコモ　佐々木三助　火刑

二九　マグダレナ　その妻　火刑
三〇　ビゼンテ　萩原忠左衛門　火刑
三一　モニカ　その妻　火刑
三二　セコンド　佐藤太郎兵門　火刑

寛永元年七月二八日のキリシタン殉教者

一　シモン　伊谷与左衛門　斬首
二　カタリナ　その妻　斬首
三　ディエゴ　望月九左衛門　斬首
四　マグダレナ　その妻　斬首

五　レオネ　清野次兵衛　斬首
六　カタリナ　その妻　斬首
七　ジュアン　井上市左衛門　斬首
八　ペトロ　境九朗衛門　斬首
九　ロレンソ　加賀九朗兵衛　斬首
一〇　レオネ　筑前仁左衛門　斬首
一一　コスモ　柴田佐左衛門　斬首
一二　シモン　関東佐大夫　斬首
一三　ディエゴ　越前太郎兵衛　斬首
一四　マルチノ　貝沼八郎右衛門　斬首
一五　レオネ　加賀良玄　斬首
一六　ヨアキノ　越後彦右衛門　斬首

一七　ミカエル　伊豆九蔵　斬首
一八　フランシスコ　薄井近江　斬首
一九　パウロ　李之助　斬首
二〇　パウロ　赤沢文右衛門　斬首
二一　マテオ　忠三郎　その子　斬首
二二　アンドレア　忠次また、その子　斬首
二三　グレゴリオ　赤沢次郎左衛門　斬首
二四　フランシスコ　四郎兵衛　その兄弟　斬首
二五　ビンセンソ　大作　その子　斬首

七月二十六日、各地で捕らえられ、獄中にあったシモン・伊谷与左衛門ら二十二名と与左衛門の妻カタリナら三名を加えた二十五名が久保田で斬

首されました。それらの多くは藩士だったのです。同日、院内銀山のキリシタンが同じ場所で処刑されました。

表三　院内のキリシタン殉教者

一　ルイジ　大津三郎右衛門　信心組みの組長　斬首
二　ジュアン　岩見三太夫　信心組みの組長　斬首
三　ジョアキノ　仙北大学　斬首
四　ガスパル　関東次郎左衛門　斬首
五　シモン　岩見如憲　斬首
六　ジョワン　岩見伊兵衛　斬首

七　ジョアキノ　荒木和泉　斬首
八　ジョセフ　弥右衛門その子　斬首
九　ロレンソ　大坂七兵衛　斬首
一〇　フランシスコ　備後喜佐衛門　斬首
一一　ロレンソ　播磨甚四朗　斬首
一二　ダミアノ　尾張静左衛門　斬首
一三　ドミニコ　越前九兵衛　斬首
一四　トマス　越後孫蔵　斬首
一五　ジュアン　左近司助右衛門　斬首
一六　レオネ　駿河五左衛門　斬首
一七　マテオ　石堂助右衛門　斬首
一八　マチャス　長井弥吉　斬首

一九　トマス　備前清九朗　斬首
二〇　マテオ　石見七左衛門　斬首
二一　マテオ　岩見武兵衛　斬首
二二　パウロ　岩見茂兵衛　斬首
二三　レオネ　越前五郎右衛門　斬首
二四　マチャス　仙台市郎兵衛　斬首
二五　ロレンソ　伊勢宗十郎　斬首

この二十五名の人数は四人の武士を加えた信仰の堅い信者で、取り調べの段階で棄教しなかった人たちでした。院内から三日かかる久保田への道を歩いて送られ、斬首されました。この人たちは出身地の名を姓につけていました。

そして次に名を連ねる人びとは、寺沢のキリシタン殉教者です。この中に「二名の朝鮮生まれの夫婦」が居ます。その次、続いて名を連ねる四名の殉教者は一本杉の刑場で処刑された薄井の殉教者です。

寺沢のキリシタン殉教者

一　ジュアン　馬井六左衛門　斬首
二　マグダレナ　その妻　斬首
三　パウロ　四郎兵衛　斬首
＊四　シスト　嘉左衛門　朝鮮生まれ　斬首
＊五　カテリア　その妻　朝鮮生まれ　斬首

六　トマス　孫十郎　斬首

七　ジョアキム　寺沢与兵衛　斬首

八　マリア　その妻　斬首

九　マチヤス　寺沢太郎右衛門　斬首

一〇　クレイス　弥三郎　斬首

一一　マテオ　源五郎　斬首

一二　アンナ　その母　斬首

一三　ジョアキム　小林若狭　斬首

＊ヨアキム　近江　獄死

＊エリザベッタ　その妻　獄死

薄井のキリシタン殉教者（一本杉で斬首）

一　ジョアキム　下野　斬首
二　トマス　清助　斬首
三　ミカエル　馬之丞　斬首
四　シモン　兵右衛門　斬首

このほか、名も知れず、消息すら分からない行方不明キリシタン殉教者が日本全土にわたり、数え切れないほど多いとのことです。四百年という長きに渡って虐げられ続けたキリシタン信徒への弾圧。信教の自由が認められたのは第二次世界大戦後の現代になってからです。聖母の悲しみの涙は、今も絶えることなく、地上の至るところで繰り返される戦争の悲劇に、

御心を痛めて流され続けておられるのです。それは反省なき時代に生きる
人間の問題でもあるのではないでしょうか？
愛と平和！ 地球上にいつその夢が叶うでしょうか！

第五章　生涯を聖母マリアに捧げられた
安田貞治神父さまを偲ぶ思い出の記

（田端美恵子）

トマス・アクイナス安田貞治神父さま、私達は神父さまのご存命中どれほど多くのお導きを頂いたことでしょう。神父さまの信仰溢れる御著書から……、御教話から……、心温まる触れ合いを通じて……。トツトツと語られる秋田なまりの素朴さは、ふるさとへの郷愁を誘われる温かさがありました。

ご生前、神父さまと触れ合われた方々は数知れず、「秋田の聖母マリア」を通して神父さまのお名は広く親しまれ、慕われていらっしゃいました。

神父さまのお心に生きるマリアさまへの愛と崇敬はことのほか深く、神秘的な秋田の出来事が世に伝わった当初、教会内外を問わず疑念と、無責任な風評の逆巻くさなか、神父さまは湯沢台の聖母をお守りする盾となって、御出現に関わる事実を精密に記録して調査証明しながら、天より託された聖母の御言葉の信憑性について言葉を尽くして訴え続けられました。

そのお姿は、秋田の聖母像に顕われた真実を守り抜く闘士さながらの妥協を許さない日々であったのです。謂れなき風評という、聖なる御言葉を軽んじる四方八方からのバッシングは、神父さまにとって、どれほど辛かったことでしょう。妥協を許さない神父さまの語りは、批判となって神父さまに跳ね返ってきたことは私にも想像できます。正義に妥協はありませんから……。それを耐えておられるご心境の辛さを陰ながらお察ししていました。

あのマリアさまに捧げられた湯沢台の美しい「マリア庭園」、主キリストの御受難を辿る厳粛な「子羊の苑……」、お手ずから造り上げられた汗の結晶は、天の御父と聖母マリアへの神父さまの愛の深さを表しています。

神父さまは、将来秋田・湯沢台の聖堂へ世界中から悲しみの聖母を訪ねて祈りに来る大勢の巡礼者を想定されて、日本の風土に合った和風大聖堂を建てるビジョンのもとに、夫の田端三郎と二人で各地の古建築を調べ歩いていらっしゃいました。そして神父さまが最後に選んだ構想の聖堂は、長野県上田市の指定文化財、信濃国分寺薬師堂本堂（善光寺の二分の一を模した北向き本堂）でした。その理想の実現に向かって資金集めや資材の選定などに奔走されておられる時、夫もお供をして能代の原木市場へ出かけてご一緒に材料を選び、買い注文などのお手伝いをさせて頂いたのです。善光寺は聳えるような縦長建築の壮大な本堂でしたから現代の木造建築許可が下りず、屋根を低くして裾広がりの緩やかな二重層屋根にすることを神父さまは決定されたのです。しっとりした美しい姿の日本建築そのものです。

神父さまは希望された下図構想も具体化される過程で、夫の紹介する高崎市の宮大工宅を二人で訪れ、その方の作られた仏閣などの建造技術を見歩いてから請負の依頼を決められたのです。私はその時の神父さまが安堵された明るいお顔が忘れられません。神父さまは湯沢台に近い補陀寺のご住職と話し合われ、樹齢三百年の大杉一本を新聖堂のため、すでに購入されていらっしゃったのです。私も夫と共に神父さまに案内されて境内に横たわっていた驚きの古木を拝見させていただきました。聖堂に賭ける神父さまの涙ぐましい真剣さを、その準備過程で感じていましたので、ある日突然、夫に「いつまでも私と付き合ってくださいね」とおっしゃられたお言葉がなぜか気にかかっていました。そのお言葉が最後となり、神父さまは移動の命により、その聖堂建築に関われないまま、夢半ばにして湯沢台からお姿が見かけられなくなりました。どんなに心残りであったことでしょう。聖堂の上棟にもお姿は無く、献堂式にもお見受けされませんでした。

神父さまのご心境を察していた夫は、それ以来聖堂に関して口を閉じ、黙々と委ねられた仕事の分野を手伝わせて頂いておりました。その後、神父さまとはお会いする機会も無く今日に至りました。夫にとって神父さまは信仰の心を教えて頂いた大切な恩人だったのです。立山・黒部、桃仙園桃山、松本、尾瀬、秋田曲がり屋めぐり、善光寺拝観、度々往復した軽井沢なども神父さまのお供をして歩いた夫にとってかけがえのない思い出の宝でしたが、いまはその夫も無邪気な童心に返って私の手を握り続ける日々となりました。

私は湯沢台にお姿が見受けられなくなって以来、どうしていらっしゃることか？　とお案じしながら、お会いする術もなくご無沙汰しているうち、風の便りに神父さまの御帰天を知りました。その悲しみに加えて、耳に入った神父さまの心血を注がれた聖母について記録された貴重なご著書が消えた噂に衝撃を受け、今もって残る風評が、御著書にまで影響を及ぼしているのか！　と悲しくなりました。その悲しみが動機となって決意したのが、この著への執筆でした。ようやく完結までこぎつけたときでした。安田神父さまのご臨終に立ち会われてお見送りされた方々から、御臨終の祝福された美しいご様子をお手紙で知らせて頂いたのです。私が『秋田の聖母と、知られざる殉教の歴史』の「あとがき」に入ろうとした寸前のことでした。あまりにもタイミングが合っていたので、マリアさまが私に、「天国で神父さまが祝福された座にいらっしゃることを伝えなさい」と知らせて下さったのだと思いました。そしてもう一つ感謝することは、その祝福された御臨終を話して下さった方から「神父さまは以前から秋田の殉教者のことを書きたい、とおっしゃっていらっしゃいました。神父さまはご生前果たせなかった『秋田の殉教』を、田端さまに書いて欲しい、と託された気がします」と語ってくださいました。

秋田の歴史を何一つ知らない私が、ご提供いただいた文献を頼りに不完全ながら終りまで辿り着けたのも、神父さまが天国から支えてくださっておられたおかげだと感謝しています。
私はトマス・アクイナス安田貞治神父さまが天に召される祝福の旅立ちを、「第五章」として皆様にお伝えします。神父さまのご臨終に立ち会っていらした方の御証言と、同じくご一緒に旅立ちのお見送りをされた方から頂いた貴重な思い出の記もご紹介させていただきます。

ご臨終に立ち会われた方々からの証言

安田神父さま、御最後のご様子

二〇一三年十一月二十二日

千葉県八街市・八街総合病院・四一〇号室でのご様子

ご臨終に立ち会われた方のお話

午後八時六分頃、神父さまはベッドに臥せておられたまま、臨終の間近か病室の壁の一点を、右手の人差し指で示されたまま、輝いた目でじっと見つめておられました。三十分位だったでしょうか……。声も掛けられないほどの荘厳そのもののお顔でした。神父さまを囲んで途切れることなくロザリオを祈って見守っていた皆は、「マリアさまがお出でになっていらっしゃるのかしら……?」と一様に話しました。

神父さまのロザリオを持つ右の手が下がってきたので、ロザリオを持って支えると、神父さまは精も根も尽き果てたご様子で、指差しておられたお手をパタンと下におろされました。と同時に、ゆりや薔薇の混じった芳香が漂ってきました。

ちょうどその時に病室に入ってこられた内田さんのご主人が「この香りは何ですか？　ああいい香りがする……」とおっしゃいました。

内田さんのご主人も加わり、皆で必死に祈っているところへ、モニターでの異変に気付かれた看護師さんが病室に駆け込んで来られて、「なんでしょう？　この香りは……！」と驚かれ、「こんな場面は見たことが無い！」と言われました。お部屋におられた看護師さん方も同様におっしゃっていました。

午後八時三十八分、安田神父さまは安らかに息を引き取られました。

ご遺体が、病院から八街の聖ミカエルの家に戻られて、御棺に入られるまで、その芳香は続いていました。神父さまは九十七歳でしたが、頭は最後までしっかりしていて、頭脳明晰の神父さまでした。

安田神父さまの御最期」

八街市・内田静枝さま記

同　目撃・内田さまのご主人さま

安田神父さまの最後の御入院は二〇一三年七月下旬、フランシスコ教皇さまが『聖母と共に過ごす祈りの夜』の世界十ヶ所の聖母巡礼地に、秋田の聖体奉仕会が選ばれたとの知らせを受けた後のことでした。

当時九十七歳でおられた安田神父さまは、毎朝欠かすことなくごミサを捧げられておりました。回心の祈りでは深く首を垂れ、強く胸に手を当てられる御姿。聖変化の後は、親指と人差し指とを使わぬようになさる御姿。

派遣の祝福の後に、ひざまづいて「近所に住む人びとのために祈りましょう」と招き、天使祝福を唱える御姿。心からの奉献でありました。

病室での安田神父さまは、当初、聖書や毎日のミサ等を枕元に置かれておりましたが、長引くにつれてロザリオを握られるだけの御姿となられました。

まだお声を発せられる頃は、当時中学二年生の娘に「あなたにはね、幼稚園の頃からね、本当にお世話になりました」と謙遜の極みのお言葉をかけてくださいました。もうお声が発せられなくなると、右手を上下に振られ、お口を「ありがとう」と動かされました。お見舞いさせて頂き、退出の際には必ず祝福をしてくださいました。

御帰天当日、十一月二十二日は、午後六時ごろより、笹川姉妹、杉岡姉妹、世話人の折笠さん、近所にお住まいの久保御夫妻、私の娘とで神父さまを囲み、天使祝詞 を途切れることなく唱え続けておりました。笹川姉妹は、安田神父さまが、ずっと御自分の手の先を見つめるお姿に気付き、「マリアさまが来られているのかしら……」と思われたとのこと。午後八時半頃に笹川姉妹が「あっ、呼吸が変わった」とおっしゃいました。直後、モニターの変化が確認され、看護師さんが病室に駆け込んで来ました。ご帰天の直後、病室に駆けつけた主人が、

「わー、この匂いは何？ すごく良い匂いがする。色々な花が一緒になったような匂いだ！」と驚いて話しました。その場にいた人々は同じ香りを確認しています。マリアさまが安田神父さまをお迎えにいらっしゃった、と思われました。

聖ミカエルの家に戻られた安田神父さまの御顔は、生前丸顔でいらっしゃったのが面長に変わられていました。叙階された当時のお写真そのま

まの清らかさでした。
葬儀の最中、棺の中の安田神父さまの左目頭に、お涙のような光る液体を確認したのは、笹川姉妹の親戚の笹川茂子さんと、私でした。聖ミカエルの家の礫像のイエズスさまにも、御目に涙のような木の膨らみがあります。安田神父さまは、「秋田のマリアさまのお涙」と、「八街のイエズスさまのお涙」を、『人びとの回心のために流された奇跡であります』とおっしゃっていらっしゃいました。

「告別式に流された安田神父さまのお涙」

八街市　笹川茂子さま記

私が生前の神父さまにお目にかかったのは、神父さまの亡くなられる前日のことでした。ご入院されていた病院へ、仕事帰りに寄って帰るのが日課のようになっていました。

いつもより呼吸が荒い感じがして、神父さまはもう長くは無いかも知れない、と思ったのを覚えています。そしてその翌日に召され帰天されました。

私は臨終には間に合わなかったのですが、信者の方々と、そのお一人のご主人さまも手伝って下さり、ご遺体は聖ミカエルの家に帰ってこられました。

その翌日、通夜のため私は子供三人と聖ミカエルの家に行かせていただきました。神父さまのお顔を拝見した時にとても驚きました。亡くなる前日のお顔とまるで別人のようだったからです。すっきりされていて気高く、神々しいお顔でした。その変化は本当に不思議でした。子供達は神父さまに生前とても可愛がっていただきました。お世話になった大好きな神父さまのお側で、子供達は夜通し過ごしました。

朝になり告別式に皆様が集まってこられ、葬儀の御ミサが始まりました。私は丁度最前列にいて神父さまのお顔が見える位置でした。私のほうからは左側の横顔が見えていました。御ミサの途中、神父さまのお顔を拝見したら、左目頭の所に溜まっている水滴がみえました。すぐに、これは涙に違いない、と思いました。

隣に座っていた子どもに「神父さまの目に御涙が……。見て」と小声で言いました。子どもからは立ち上がらないと見えなかったため、「御ミサが終ってから」と言われ、確かに御ミサの時、立ち上がるのは失礼なことと思い、断念しました。そして同じく前列に座っていた内田さんのほうを見ると、内田さんも神父さまのお顔をジッと見ておられました。それで私は「ね、神父さまの目に御涙が見えるでしょう」という気持ちで何回も内田さんの方を見ました。神父さまの写真も取らせていただきました。

御ミサが終り、皆でお棺の中にお花を入れるときには涙は乾いていました。シスターの所へ行き、「御ミサの前に神父さまに聖水を使いましたか？」と訊ねました。シスターからは使っていないとの返事でした。お涙はとても不思議ですが、すっかり乾いていたため、私はその場でシスターにも誰にも言えませんでした。

後日、内田さんとお話をさせて頂いたときに、私も見ましたと言われ、私一人ではなかったと安堵いたしました。告別式の葬儀の御ミサだけ、そっと流された神父さまの御涙は、私たち皆へのお別れの涙だったのかもしれません。たまたま前列に居た内田さんと私が流された神父さまのお涙の証人となりました。

もう生前のように神父さまとお話しすることは出来ませんが、今でも何かあると、神父さまにお取次ぎを願ってお祈りしています。神父さまはいつも私達の　そばで見守って下さっていると信じています。

［付記］秋田の聖母像に関する司教書簡（伊藤庄次郎司教）

一

ご復活祭に当たり、教区の皆さんにご挨拶をお送りいたします。

私は一九六二年、ヨハネ二十三世教皇によって新潟司教の任命を受けてから二十二年間、教区長の職をつとめて参りましたが、教会法の定める定年制により教区長職を退くことになりました。在任中はいろいろと皆さんにご迷惑をかけたことがあったと思いますが、皆さんの寛大なご協力によって今日まで聖務を続けることができたことを感謝しています。

さて、私は、去るにあたり、一つ気がかりなことがあります。それは秋田市添川湯沢台一の聖体奉仕会（在俗会認可申請中）の聖母像に関する一連の不思議な出来事についてであります。すでに雑誌、書籍、テレビ等を通じてご存知と思います。一九七六年に第一回の調査委員会が設立されたとき、私は調査中につき、同会への公式巡礼と聖母像に対して特別崇敬をしてはならないことを公示いたしましたが、その後このことに関して一回も公の声明を出していませんので、それは教会に関する重大なことでありますので、軽々しく取り扱うことはできないからです。去るに当たりこのことに最も深く関係した当事者として、沈黙を守ることは、教区長としての私の責任を果たしたことにはならないと思います。それで、司教書簡の形をもって、このことについて私の声明を発表することにしました。

一九七三年（昭和四十八年）このことが起きてから今年で十一年になります。

このような不思議なことに出合ったのは初めてでありますので、一九七五年、初めてローマの教義聖省を訪問し、かねてより知っていた同省の次長ハメル大司教に会って相談しましたところ、それは第一に教区長の権限であるといわれました。一九七六年、東京大司教区にお願いして調査委員会を設立していただきましたが、この調査会では、秋田の出来事は超自然性を証明することはできないとのことでした。それで一九七九年、教義聖省に検討していただくための懇願書を提出しました。また、同聖省にお願いして、第二回の調査委員会を設けて、さらに詳しく検討いたしました。

一九八一年、同聖省より、秋田の出来事に対して好意的でない手紙がバチカン大使のもとに届きました。その中には誤解もありましたので、正確なことを伝えなければならないと思い、一九八二年、一応、不思議な出来事の終った時点で、初めから詳しく取り調べ、さらに新しい事実もつけ加え、バチカン大使を通じて聖省に送りました。昨年十月、私は聖省を訪問し、三人の係官に会い、話し合うことができました。現在のところ検討中であるということがこの話し合いの結論でした。

二

秋田の聖母像に関する一連の不思議な出来事の中には、ご像の右手より血が流れたことや、ふき取らなければならない程の汗のようなものが流れ、それが芳香をはなつなどいろいろあります。そのなかで最もはっきりしているのは、聖母像の目から人間の涙のように水が流れ出たことであります。それは聖年であった一九七五年一月四日から始まり、一九八一年九月十五日の悲しみの聖母の祝日まで百一回にわたって流れました。私も四回これを見ることができ、五百人位の人が見ています。私は二回この涙のような水をなめてみましたが、塩からく、全く人間の涙のようでした。秋田大学医学部法医学の匂坂《さぎさか》助教授の調査によりますと、人間の体液であることが証明されました。何もないところから、水が生ずることは、人間の力でできることではなく、人間以上の力の介入が必要であると思います。しかもそれは単なる水ではなく、人間の体液であり、目からだけ涙のように流れること、数年間に百回以上にわたり、大勢の人の目前で流れたのですから、トリックや人間の仕掛けでないことは確かであります。このことが自然的出来事でないとすれば、三つのことが考えられます。

1. 超能力による
2. 悪魔のしわざ
3. 超自然の働き

超能力ということは、私にもよくわかりませんが、この不思議な出来事にもっとも関係のある聖体奉仕会の会員笹川さんに超能力があり、彼女の涙が像に移された、といわれております。しかしその方面の専門家である東京工大の板谷教授の話によると、そのような超能力を働かせるためには、本人がそれを意識しなければならないとのことでした。ところが笹川さんの眠っていたときも四百キロ離れた実家に帰っていて、そのことを全然意識していないときも、像から涙が流れていますので、超能力説は否定されると思います。

次に悪魔のしわざではないかということです。もしそうだとすれば、信仰上の悪い結果がでてこなければならないのですが、そのような悪い結果はでておらず、かえってよい結果がでています。例えば、カトリックである妻から、洗礼を受けるように長い間すすめられていた夫が、この涙を見て受洗の決意をし、受洗しました。また数十年間教会を離れていた信者が、すっかり回心して日曜日毎に教会に行くようになりました。また、ある信者はここを訪問した結果、宣教のために働く決心が与えられ、自分の力で二カ所の宣教の拠点（巡回教会）を作り、今日までそれが続いています。

また、この聖母の取り次ぎによってガンやその他の病気が奇跡的に治ったという多くの報告を受けています。その中で最もはっきりしている例を二つあげましょう。その一つは、韓国の婦人に起こった突然の治癒です。この方は一九八一年七月に脳のガンのために植物人間となったのですが、秋田の聖母があらわれて寝ている必要はないといわれ、まもなく、起きることができるようになり、完全に健康をとり戻すことができたのです。これは韓国殉教者の列聖のための奇跡を求めて、この婦人の治癒を、秋田の聖母に韓国の神父や婦人たちが祈っていたとき与えられたものです。この方の病気中と全快後に撮ったレントゲン写真がありますが、治ったことが素人でもわかるように撮られています。この写真の真正であることは、これを撮ったソウルの聖パウロ病院のゴ・ウ・キム医師と京城大司教区の教会裁判長テイサン師が公の証明書を出しています。すべての書類は、ローマへ送られました。私は昨年ソウルに行き、本人に面接し奇跡的治癒の真実であることを確かめました。彼女もその後感謝のため秋田に参りました。もう一つは笹川さんの全聾であった耳が完全に治癒したことです。これについては後に詳しく述べます。

以上のように信仰上、健康上のよい結果がでていますので、悪魔からのものとは思われません。そうしますと、残ることは超自然の干渉ではないかということになります。少なくとも超自然的現象でないと言うことは困難です。

三

ところで、なぜこのような現象が起きたのでしょうか。これは聖母像から発せられた笹川さんの聞こえない耳で受けとられた聖母像からのメッセージと関係があるのではないかと思われます。

最初のメッセージは、一九七三年七月六日の初金曜日の朝、与えられたもので、まばゆく輝くマリア像から声があって「私の娘よ、私の修練女よ、すべてを捨ててよく従ってくれました。耳の不自由は苦しいですか。きっと治りますよ。忍耐してください。……手の傷は痛みますか。人びとの罪の償いのために祈ってください。ここの一人ひとりが、私のかけがえのない娘です。聖体奉仕会の祈りを心して祈っていますか。さあ一緒に祈りましょう……。教皇、司教、司祭のためにたくさん祈ってください」というものでした。

笹川さんが耳が聞こえなくなったのは妙高高原の教会で、カテキスタとして働いているときでした。耳が聞こえなくなったため上越市の労災病院に入院し、沢田医師から全聾の診断を受け、同医師から生涯なおらないものとして、身体障害者の年金を受けるようにしてくださいました。カテキスタとしての仕事ができなくなったので、秋田市の聖体奉仕会の本部に入って祈りの生活をするようになったのです。

第二のメッセージは、同年八月三日（金）初めてと同じように、聖母像の声によって与えられたものです。

「私の娘よ。私の修練女よ、主を愛し奉っていますか。主をお愛しするなら、私の話を聞きなさい。これは大事なことです。そしてあなたの長上に告げなさい。

世の多くの人びとは主を悲しませております。私は主を慰める者を望んでおります。天のおん父のお怒りをやわらげるために、罪人や忘恩者に代わって苦しみ、貧しさをもってこれを償う霊魂を、おん子とともに望んでおります。おん父がこの世に対して怒り給うておられることを知らせるために、おん父は全人類の上に大いなる罰をくだそうとしておられます。おん子とともに何度も、そのお怒りをやわらげるよう努めました。おん子の十字架の苦しみ、おん血を示して、おん父をお慰めする至愛なる霊魂、その犠牲者となる集まりをささげて、お引きとめしてきました。祈り、苦業、貧しさ、勇気ある犠牲的行為は、おん父のお怒りをやわらげることができます。あなたの会にも私はそれを望んでいます。貧しさを尊び、貧しさの中にあって、多くの人びとの忘恩、侮辱の償いのために、改心して祈ってください。各自の能力、持ち場を大切にして、そのすべてをもって捧げるように。

在俗会であっても祈りが必要です。もはやすでに祈ろうとする霊魂が集められています。形にこだわらず、熱心をもって、ひたすら聖主をお慰めするために祈ってください」

第三のそして最後のメッセージは、同年の十月十三日、やはり聖母像の声によって、与えられました。

「愛する娘よ、これから私の話すことをよく聞きなさい。そしてあなたの長上に告げなさい。

前にも伝えたように、もし人びとが悔い改めないなら、おん父は、全人類の上に大いなる罰をくだそうとしておられます。そのときおん父は、大洪水より重い、今までにない罰をくだされるに違いありません。火が天から下り、その災いによって、人類の多くの人びとが死ぬでしょう。よい人も悪い人と共に、司祭も信者とともに死ぬでしょう。生き残った人々には、死んだ人々をうらやむほどの苦難があるでしょう。

そのとき、私たちに残る武器はロザリオとおん子の残された印だけです。毎日、ロザリオの祈りを唱えてください。ロザリオの祈りをもって、司教、司祭のために祈ってください。悪魔の働きが教会の中にまで入り込み、カルジナルはカルシナルに、司教は司教に対立するでしょう。私を敬う司祭は、同僚から軽蔑され、攻撃されるでしょう。祭壇や教会が荒らされて、教会は妥協する者で一杯になり、悪魔の誘惑によって、多くの司祭、修道者がやめるでしょう。特に悪魔は、おん父に捧げられた霊魂に働きかけております。たくさんの霊魂が失われることが、私の悲しみです。これ以上罪が続くなら、もはや罪の許しはなくなるでしょう……」。

このメッセージは「もし人びとが悔い改めないなら」という条件がつい

ていますが、厳しい警告であると思います。しかし同時「たくさんの霊魂が失われるのは私の悲しみです」と母親的愛も感じられます。

一九七三年に与えられた最初のメッセージにある「耳の不自由は苦しいですか、きっと治りますよ」という言葉が実現しなかったならば、これらのメッセージの真実性が疑われますが、発病から九年目に実現したのであります。このことが実現する前、一九八二年三月二十五日と五月一日に笹川さんに、天使のような方から予告がありました。

「耳の不自由は苦しいでしょう。あなたに約束がありました癒しのときが近づきました。童貞にして汚れなきおんやどりの聖なるお方の取り次ぎによって、前に癒された時（前は五ヶ月間癒され、その後また聞こえなくなった）と全く同じように、ご聖体のうちにまことにましますお方のみ前で、耳が完全に癒され、いと高きおん者のみ業が成就されます。そしてそれは汚れなき聖母のみ心にささげられた月の間に行われるでしょう」。

果たして聖母月の最後の日曜日、それは聖霊降臨の主日（一九八二年五月三十日）でしたが、その日の午後、聖体降福式のとき、一瞬のうちに完全に癒されたのです。その晩、私のところに彼女が電話をかけてきて、普通の人と同じように話し合いました。私は六月十四日に秋田赤十字病院に、九年前秋田に移ったときから彼女を全聾と診断している耳鼻科の荒井医師を訪ね、感想を聞きましたところ、完全に治っているので、びっくりしていました。また耳が聞こえなくなった時、最初に診断した上越市の労災病院の沢田医師も、同年六月三日の日付で「聴力検査の結果、両聴力に異常は認められない」との診断書をくださいました。

笹川さんとは十年以上もつきあっていますが、正直で明るい普通の女性で、異常性格者とは考えられません。従ってメッセージは笹川さんの想像か幻想の結果とは思われません。その内容においても、カトリック教義に反するものではなく、現代世界の世相を考えるとき、このような警告に思い当たる点が多々あると思います。

以上秋田の聖母像に関する出来事について、私の体験、私の考えを述べてきましたが、このことについての教区長としての判断を示し、信者たちより求められる要望に答え、司牧的な指針を与えるのは私の義務と信じます。それは、このようなデリケートな問題について正確な認識をする機会の与えられているのはその土地の教区長だからです。教義聖省の指針もそのような方向を示しております。それに私は聖体奉仕会と創立の時点より関係し、会や会員の事情をよく知っています。これまでの聖母出現の歴史を見ますと、まずその土地の教区長がその土地に出現した聖母に対する崇敬の認可を与えています。それで特別な祈りと、長い間の熟慮を重ねた結果、新潟教区教区長として次のように結論いたしました。

一、これまで調べたところによると、秋田市添川湯沢台の聖体奉仕会の聖母像に関する一連の不思議な現象に、超自然性がないと否定することはできません。また、信仰と道徳に反することを見いだすこともできません。

二、従って、ローマ聖座より最終判定が示される時まで、本教区内において、秋田の聖母に対して崇敬をあらわすことを禁じません。

なお、ローマ聖座が秋田の出来事に肯定的判定を示したとしても、これは私的啓示であって、信じなければならない義務はありません。この義務のあるのは公的啓示（これは最後の使徒の死をもって終っている）だけです。この中に救いに必要なすべての啓示が含まれています。しかし教会は、これを助けるものとして私的啓示も重んじてきました。

参考のためカトリック要理の次の文章をつけ加えます。

「聖人、天使は神のみ旨にかない、すぐれた恩恵と光栄を受けていますから、聖人、天使を崇敬するのは正しいことであって、それはまた、神ご自身に賛美と感謝とをささげることにもなります。聖人のうちで聖母マリアは特別に崇敬されます。それは聖母が、神である救い主の御母であるとともに、私たちの母でもあり、すべての聖人、天使にまさって神の恩恵に満たされ、常に母として私たちのためとりなしてくださるからです。（カトリック要理「改訂版72項」）

キリストまた聖人のご像やご絵を崇敬するのは信心を助けキリストまたは聖人のご像やご絵を崇敬するのは信心を助けキリストまたは聖人を尊ぶためです。これは同時に神への讃美にもなります。（旧版カトリック要理）

終わりに皆様の上に神よりの豊かなお恵みを願い司教按祝をおくります。

一九八四年四月二十二日復活祭

新潟司教　使徒ヨハネ　伊藤庄次郎

安田貞治著『日本の奇跡 聖母マリア像の涙 秋田のメッセージ』（エンデルレ書店二〇〇〇年）より転用

あとがき

『秋田の聖母と知られざる殉教の歴史』がほぼ完結したのは二〇二〇年十月下旬でした。寝る間も惜しんで書き続けたこの四ヶ月は、私に貴重な体験と教訓を与えてくれました。日々近づいてくる避けられない人生の終焉を想うにあたり、思いがけなく出合った貴い宝は、永遠の命の神秘と、『真理』そのものである偉大な栄光の神に対する認識を、この夥しい殉教者たちの信念から身に沁みて教えられた事でした。四百年の長きにわたるキリシタン殉教の歴史と向かいあったことにより、果てしない信仰の奥義に心が洗われる心地で辛苦の道のりを喜々として全うされた夥しい日本先人たちの崇高な生き様を目の当たりに知ることが出来たことは、ひとえにこの殉教史から頂いた恵みとして感謝しております。

この著の発端は、まだよく理解されていない秋田の聖母御出現と、秋田との係わりを知りたいと願う一歩から始まったことでしたが、その辿る過程で知った秋田の壮絶な殉教史はおどろきであり、崇高で堅固な人びとの殉教がいかに天の御父の祝福を頂いたかを知ったのでした。

老若男女を問わず多くの殉教者があの草生津川で炎に包まれて焼かれてゆく光景……、その放置された夥しい遺体を労わるように三日三晩不思議な天光が注がれていた事実を歴史から知り、秋田という地が夥しい殉教によって清められた尊い場所であり、その祝された地へ聖母がお立ちになられてお悲しみの涙を流され、天の御言葉を伝えられたことを感じました。

幾百年にも及ぶ貴い鮮血の歴史は日本の宝であり、この教訓を含む歴史に私達も目を開いて先祖の遺訓を心に銘じ、悔い無き人生を愛の下に歩んでゆけることを祈り続けたいと願います。――聖母は日本を愛しています――と天使は教えてくださいました。何と嬉しいお言葉でしょう。

最後に私達の感謝の思いを重ねて頂いたシスター笹川さまの詩を献じます。

田端美恵子

ありがとう

ありがとう　ありがとう　本当にありがとう
神さま　ありがとう　祖先よ　ありがとう
師よ　友よ　ありがとう
古き友よ　古さとの海よ　川よ　ありがとう
流れる雲の群れよ　風よ　ありがとう
私の生涯も　はや八十が過ぎた
有形　無形の恵みと
住まわせてくれた大地よ　ありがとう
この世での生活が　まだ続くのだろうか

召される日までよろしく
ありがとう　ありがとう　ありがとう

A・S

《田端 美恵子（たばた・みえこ）》
昭和8年（1933）、長野市に生まれる。
長野清泉女学院高等学校卒。国学院大学幼稚園教員養成所卒。
昭和46年（1971）まで東京に於いて幼児教育に専念。
同年11月、群馬県高崎市へ引退後家庭人となる。
平成16年（2004）より執筆を始める。
平成17年（2005）8月、随筆集『一粒の麦から』（サンパウロ）出版。
平成18年（2006）12月、随筆集『愛はうたう』（サンパウロ）出版。
平成20年（2008）10月、『満州の夕焼け雲』自費出版
（編集制作信濃毎日新聞社）。
平成21年（2009）10月、『満州の夕焼け雲』全国新聞社出版協議会
第3回自費出版大賞「優秀賞」を受賞。
平成23年（2011）8月、『山峡に響く平和の鐘』（サンパウロ）出版。
平成27年（2015）3月、『八十路の春』（聖母の騎士社）出版。
令和 2 年（2020）2月、『母であるわたしがここに居るではありませんか』
（聖母の騎士社）出版。

秋田の聖母と知られざる殉教の歴史
田端美恵子

2021年9月15日　第1刷発行

発　行　者●谷崎新一郎
発　行　所●聖母の騎士社
〒850-0012 長崎市本河内2-2-1
TEL 095-824-2080/FAX 095-823-5340
E-mail: info@seibonokishi-sha.or.jp
http://www.seibonokishi-sha.or.jp/

校正・組版●聖母の騎士社
印刷・製本●大日本法令印刷株式会社

Printed in Japan
落丁本・乱丁本は小社あてにお送りください。送料は小社負担にてお取り替えします。
ISBN978-4-88216-384-8 C0116

聖母文庫

田端美恵子
八十路の春
八十路を歩む一老女が、人生の峠に立って永久に広がる光の世界を見つめ、多くの人が神の愛に目覚めてくれることを願いつつ、祈りを尽くして綴った随想。　価格500円（税別）

田端美恵子
母であるわたしがここに居るではありませんか
様々な思い出に彩られて歩んできた現世の旅路は、すべて恵みであり感謝に変わっています。…八十路を超えた著者が綴る、愛に生きることの幸せを噛み締めるエッセイ。　価格500円（税別）

木鎌耕一郎
津軽のマリア川村郁
1950年代、青森県津軽地方、八甲田山麓の開拓地で、教育から見放された子どもたちに生涯をささげた若い女性がいた。これはもう一人の「蟻の町のマリア」、川村郁の物語である。　価格500円（税別）

駿河勝己
がらしゃの里
日々の信仰を大切にし、御旨のうちに生きる御恵みを祈り、ガラシャの歩まれた永遠の生命への道を訪ねながら…。　価格500円（税別）

レジーヌ・ペルヌー＝著　門脇輝夫＝訳
現代に響く声　ビンゲンのヒルデガルト
12世紀の預言者修道女

音楽、医学他多様な才能に恵まれたヒルデガルト。本書は、読者が著者と同じく彼女に惹かれ、親しみを持てるような研究に取り組むものである。　価格800円（税別）